AF312763

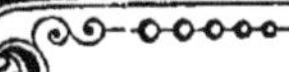

RISETTE

OU

LES MILLIONS DE LA MANSARDE

COMÉDIE EN UN ACTE

PAR

EDMOND ABOUT

PARIS

MICHEL LÉVY FRÈRES, LIBRAIRES-ÉDITEURS
RUE VIVIENNE, 2 BIS

—

1859

RISETTE

OU

LES MILLIONS DE LA MANSARDE

VAUDEVILLE

Représenté pour la première fois à Paris, au théâtre du Gymnase,
le 8 août 1859.

RISETTE

OU

LES MILLIONS DE LA MANSARDE

VAUDEVILLE EN UN ACTE

PAR

M. EDMOND ABOUT

PARIS

MICHEL LÉVY FRÈRES, LIBRAIRES-ÉDITEURS

RUE VIVIENNE, 2 BIS

1859

PERSONNAGES

ANTONIN...................... M.   LANDROL.
RISETTE..................... Mmes ROSA DIDIER.
ÉVELINA.....................   CHÉRI-LESUEUR.

S'adresser, pour la mise en scène exacte et détaillée, à M. Hérold, régisseur de la scène, et pour la musique à M. Jubin, bibliothécaire copiste au Gymnase.

Paris. Imprimerie de A. Pillet fils aîné, 5, rue des Grands-Augustins.

RISETTE

OU

LES MILLIONS DE LA MANSARDE

Chambre très-modeste au fond, alcôve et lit ; à droite, au fond, placard ;
à gauche, poêle ; 1er plan à droite, table et miroir, 2e plan à gauche, fenêtre et table de travail.

SCÈNE PREMIÈRE.

RISETTE, seule.

(Elle est assise et travaille à un chapeau ; elle chante.)

> Tradéri, déri ; tradéri, déra,
> Encore ce ruban rose,
> Et le chapeau, et le chapeau,
> Encore ce ruban rose
> Et le chapeau sera fini.
> Tradéri, déra, tradéri, déri, déri, déri.

(Elle se lève ; l'examinant.) Très-coquet, très-coquet. Voyons comme
il va. Elle le met sur sa tête, se place devant un petit miroir avec révérence. « Bonjour, ma toute belle. Bonjour, chère ! » Si l'on voulait, pour-
tant !... Mais, bah ! j'aime mieux mon petit bonnet de
linge ! (Chantant.)

> Oui, je suis grisette,
> On voit ici-bas...

(S'interrompant.)

Ici-bas, au cinquième étage ! une seule chambre pour
nous deux et pas un sou pour payer le terme ! Si Éveline

1

ne rapporte pas d'argent, je ne sais pas de quoi nous déjeu-
nerons. Quelle heure est-il à ma pendule? (Elle ouvre la fenêtre.)
Neuf heures et demie ! elle devrait être rentrée. (Elle ferme la
fenêtre.) Il fait froid aujourd'hui; il faut que le poêle se soit
éteint. (Elle va voir.) Rallumons-le : vite un peu de bois. (Elle ouvre
le placard.) Absent pour cause de congé définitif ! Qu'est-ce
qu'on pourrait bien brûler ici? Tiens, il y a encore de la
chaise ! (Elle met une chaise en morceaux et s'accroupit devant le poêle : elle re-
prend l'air du commencement en allumant le feu.

> Tradéri, déra, tradéri, déra,
>   Cette chaise est bien vieille,
> Mais les morceaux, mais les morceaux,
>   Cette chaise est bien vieille...
> Mais les morceaux en sont bien bons.
>   Tradéri, déra, tradéri, déri, déri.

SCÈNE II.

RISETTE, ÉVELINA. (Elle entre vivement.)

ÉVELINA.

Je te conseille de chanter, la patronne du magasin n'a
pas voulu m'avancer un sou ! je rapporte quatre francs. (Elle
les jette.)

RISETTE, les ramassant.

C'est toujours ça.

ÉVELINA.

Et nous devons deux termes ! c'est aujourd'hui le huit; il
faut qu'à midi le déménagement soit fait.

RISETTE.

Tu vois, je commence; voilà une chaise à moitié démé-
nagée.

ÉVELINA.

Tu ris de tout !

RISETTE.

Ce n'est pas pour rien qu'on m'appelle Risette. Les pleurs ne servent qu'à rendre les yeux rouges, et j'ai la faiblesse de tenir aux miens.

ÉVELINA, s'asseyant entre la table et la fenêtre, travaillant.

Pour ce que tu en fais!

RISETTE, sérieuse.

Qu'entendez-vous par là, ma chère Évelina?

ÉVELINA.

Rien.

RISETTE.

Soit, mettons que c'était une bêtise.

ÉVELINA.

Je veux dire que si tu étais moins sauvage...

RISETTE.

Moi! je ris avec les gens tant qu'ils veulent.

ÉVELINA.

C'est-à-dire que nous n'en serions pas où nous en sommes si tu avais écouté M. Gustave!

RISETTE, sérieusement.

Il était trop beau.

ÉVELINA.

Il t'aurait épousée.

RISETTE.

Il était trop riche... Au choix j'aimerais encore mieux ton Jean Gigonet, bien qu'il soit un peu laid, un peu bête, et sergent au 135ᵉ de ligne.

ÉVELINA.

Oui, voilà des amoureux qui rapportent gros!... ça n'a pas le sou, et il faut des dots pour les épouser.

RISETTE.

Voilà quatre francs à compte sur la dot de M. Jean Gigonet.

ÉVELINA.

Quatre francs! cela nous fait la jambe belle!

RISETTE, regardant sa jambe.

Dis donc!... parle pour toi.

ÉVELINA.

Nous en devons trente au propriétaire. Il va falloir faire notre paquet.

RISETTE.

Heureusement ce ne sera pas long.

ÉVELINA.

Et où irons-nous?

RISETTE. (Elle chante.)

A la grâce de Dieu, à la grâce de Dieu! Tu vois toujours tout en noir.

ÉVELINA. (Elle s'assied et travaille.)

C'est que la situation n'est pas rose. A midi nous serons à la porte.

RISETTE.

Il n'est encore que dix heures; nous avons deux heures devant nous.

ÉVELINA.

Crois-tu qu'il va pleuvoir des pièces de cent sous?

RISETTE.

Pourquoi pas? On ne peut pas savoir. Tiens, un jour, je me rappelle ça comme si j'y étais encore; nous étions huit autour d'une grande table, et c'est tout au plus s'il y avait des pommes de terre pour tout le monde; mon père ne gagnait pas gros, le pauvre cher homme! Il regardait le plat d'un air triste, et disait qu'il n'avait pas faim; ma belle-mère venait de nous distribuer notre ration de claques, et j'avais eu deux parts à moi seule. Mais j'avais bon appétit tout de même, et je mangeais ma pomme de terre mouillée de larmes : c'était salé. Voilà que nous entendons le facteur qui appelait dans la rue; c'était une lettre d'Amérique.

ÉVELINA.

J'aurais mieux aimé un oncle.

RISETTE.

La lettre était d'un de mes oncles, Isidore Taboureau, qui était allé en Californie chercher de l'or; mon père prend la lettre et l'ouvre.

ÉVELINA.

Il y avait des billets de mille dedans?

RISETTE.

Nous comptions bien en trouver deux ou trois; mais nous comptions sans notre oncle. Il nous demandait cinq cents francs.

ÉVELINA.

Envoyer de l'argent en Californie, cette bêtise !

RISETTE.

C'est pourtant ce que fit mon père; il était si bon ! il arriva sur ces entrefaites que mon frère se vendît et nous laissa le prix de son engagement. On envoya les cinq cents francs à mon oncle, et il jura que si jamais il gagnait une fortune elle serait pour la petite Louison; c'est ainsi qu'on m'appelait.

ÉVELINA.

Louison? Risette est bien plus comme il faut : on dit Rigolette, Polkette; voilà comme on dit dans le monde. Eh bien ! cette fortune ne ferait pas mal de se dépêcher; elle arriverait à propos.

RISETTE.

Voilà mon chapeau fini; va le porter, on le payera peut-être.

ÉVELINA.

Vas-y toi-même; c'est toujours moi qui fais les courses.

RISETTE.

Tu sais bien que je n'aime pas courir les rues. (Elle se lève et met son chapeau dans un carton.)

ÉVELINA.

Si l'on veut te manger, tu te mettras en travers.

RISETTE.

C'est si ennuyeux d'être suivie !

ÉVELINA.

Au contraire ! Tiens, depuis quatre jours il y a un jeune homme très comme il faut, bottes vernies, gants frais, qui passe ses journées à me guetter et à me suivre.

RISETTE.

Toi?

ÉVELINA.

Et pourquoi pas? je lui fais faire de fameuses trottes ! Il
est beau garçon, et dame ! si Gigonnet ne marche pas droit,
on pourra voir !

RISETTE.

Bien ! on verra du propre !

ÉVELINA.

Fais donc ta mijaurée, les amoureux te viendront comme
aux autres !

RISETTE.

Ils ne me viendront toujours pas sous forme de régi-
ment. Si j'aime une fois, ça sera tout de bon et pour la
vie.

ÉVELINA.

Pour la vie ! ohé ! les petits agneaux ! tu me donnes envie
de chanter à mon tour. Va porter ton chapeau, va on te
donnera peut-être de l'argent ; moi, je serais sûre de ne rien
avoir. (Elle se lève.)

SCÈNE III.

ÉVELINA, seule.

J'ai l'estomac dans les talons. (Elle ouvre l'armoire.) Voilà tout
ce qui reste du dîner, un croûton et de l'eau fraîche ! oh !
très-fraîche ! Ce jeune homme est fort bien !... parfaitement
frisé ! si c'était un coiffeur ! non ; c'est plutôt un agent de
change. (On frappe.) Tiens ! (On frappe encore.) Qui que tu sois...
entrez.

SCÈNE IV.

ÉVELINA, ANTONIN.

ÉVELINA, à part.

C'est lui !... De la tenue !... ça me posera.

ANTONIN, à part.

C'est bien elle.

ÉVELINA.

Que demandez-vous, monsieur? (à part.) Il a cent fois plus
de chic que Gigonet !

ANTONIN.

Mille pardons, madame, je croyais cette chambre libre ;
c'est moi qui l'ai louée, et je venais...

ÉVELINA.

Il n'est pas encore midi, monsieur.

ANTONIN.

Et maintenant, madame, je voudrais que midi ne vînt jamais !

ÉVELINA.

Et moi, donc !

ANTONIN, avec transport.

Et vous donc ! Et vous donc ! serais-je assez heureux pour
que vous comptassiez les moments que j'ai à passer auprès
de vous?

ÉVELINA, à part.

Il s'exprime cent fois mieux que Gigonet! (Haut.) Mais
monsieur, c'est à peine si j'ai l'honneur de vous connaître....

ANTONIN.

De me connaître? mais voilà huit jours que je vous suis
comme une ombre, huit jours que je vis de votre vie, huit
jours que mon cœur est plein de votre image adorée, huit
jours que j'éprouve le besoin de tomber à vos pieds et de
vous dire... Pardon, mademoiselle, avez-vous déjeuné?

ÉVELINA.

Pas encore, monsieur.

ANTONIN.

Comme ça se rencontre! ni moi non plus! Voulez-vous
me permettre de faire monter à déjeuner dans cette
chambre.

ÉVELINA.

Mais, monsieur !...

ANTONIN, tirant sa montre.

Il est midi cinq, je suis chez moi, mademoiselle.

ÉVELINA.

Je ne sais si je dois...

ANTONIN.

Acceptez, mademoiselle, acceptez. (A part.) J'offrirai mon cœur au dessert. (Il se met à une table, prêt à écrire.) Voulez-vous dicter le menu?

ÉVELINA.

Oh ! monsieur... (A part,) il est autrement calé que Gigonet !...

ANTONIN.

J'écoute, les armes à la main.

ÉVELINA.

Eh bien ! des côtelettes aux cornichons.

ANTONIN, écrivant.

Côtelettes aux cornichons... pour un.

ÉVELINA.

Pour trois.

ANTONIN.

Pour trois ?

ÉVELINA.

Risette déjeunera avec nous.

ANTONIN.

Qui ça, Risette ?

ÉVELINA.

C'est une petite orpheline de seize ou dix-sept ans que j'ai recueillie et qui loge avec moi ; elle va rentrer.

ANTONIN, à part.

Diable ! ce n'est pas mon compte. (Haut.) Va pour Risette. Nous disons donc côtelettes aux cornichons pour trois ; et puis ?

ÉVELINA.

Du saucisson.

ANTONIN, écrivant.

Pour deux ?

ÉVELINA.

Pour trois, Risette n'en mange jamais.

ANTONIN

Pour trois ; et puis?

ÉVELINA.

Et puis, du fromage.

ANTONIN, *écrivant.*

Fromage : quel fromage ?

ÉVELINA, *réfléchissant.*

D'Italie, qu'en dites-vous?

ANTONIN.

Parfait ! Et le vin ?

ÉVELINA.

N'importe lequel ; du champagne Cliquot, par exemple.

ANTONIN, *écrivant.*

Cliquot... c'est tout ?

ÉVELINA.

C'est tout... ah ! mettez encore des prunes à l'eau-de-vie. (A part.) Quel festin !

ANTONIN, *à part.*

Elle a des goûts... roturiers. (Il se lève.)

ÉVELINA.

Donnez-moi cette note ; je connais dans le quartier un restaurant.

ANTONIN.

Mais, madame, je ne souffrirai pas...

ÉVELINA.

Le cuisinier nous donne des côtelettes... vous verrez, vous verrez.

SCÈNE V.

ANTONIN, *seul.*

(Il ouvre la porte et lit attentivement une carte de visite clouée à l'extérieur.)

« Louise Taboureau. Modes. C'est bien ça !

(Il tire de sa poche un numéro de la Patrie et lit :)

« Les journaux américains annoncent la mort d'un de nos compatriotes, M. Taboureau, chef de la maison Taboureau et compagnie. Autant qu'on peut évaluer sa fortune, dans un pays où les maisons les plus solides font faillite tous les deux ans, M. Taboureau laisse un actif de quatre à cinq millions. Son unique héritière est, dit-on, une simple ouvrière de Paris, mademoiselle Louise Taboureau. » C'est elle ! je suis dans la place ! Enfin ! (il regarde autour de lui). Tous les bonheurs à la fois ; elle a le mobilier de l'innocence ! Merci, mon Dieu ! Si je l'avais trouvée dans le palissandre ou dans le bois de rose, ça m'aurait gêné pour l'épouser. Cinq millions d'une seule bouchée ! Houp ! Après tout les femmes me devaient bien ça, moi qui n'ai jamais pu en voir une sans me monter comme une soupe au lait.

SCÈNE VI.

ANTONIN, RISETTE.

RISETTE entre vivement.

Rien dans les mains, rien dans les poches ! (Apercevant Antonin :) Tiens ! un monsieur. (A Antonin :) Qu'est-ce que vous venez faire chez nous ?

ANTONIN.

Dieu ! qu'elle est jolie !

RISETTE, fièrement.

C'est pour mon plaisir, monsieur, mais qu'est-ce que...

ANTONIN.

Mademoiselle Risette, sans doute ?

RISETTE.

Oui, monsieur, pour vous servir, ou plutôt non ; qu'est-ce que...

ANTONIN.

Mademoiselle Risette, que vous avez une jolie voix !

RISETTE.

C'est pour appeler la portière, monsieur. A-t-on jamais vu ?....

ANTONIN, *s'approchant.*

Mademoiselle Risette, que vous avez de jolis pieds !

RISETTE, *passant devant lui.*

C'est pour me sauver des hommes, monsieur.

ANTONIN.

Mademoiselle Risette, que vous avez de jolies mains !

RISETTE, *prenant le soufflet.*

C'est pour taper sur les impertinents, monsieur.

ANTONIN.

Mademoiselle Risette, que vous avez une jolie bouche !

RISETTE.

Ce n'est pas pour vous embrasser, monsieur. (*Jetant le soufflet et riant.*) Tiens, c'est comme dans le petit Chaperon Rouge ! (*Sérieusement.*) Une fois, deux fois, trois fois, me direz-vous ce que vous êtes venu faire chez nous ?

ANTONIN.

Oui, mademoiselle. C'est un secret... (*s'approchant.*) un secret de la plus haute importance. (*Il s'approche encore.*) Personne ne peut nous entendre ? Hé bien !... (*Il l'embrasse.*)

RISETTE, *bondissant à trois pas.*

Mais ça n'a pas de nom, monsieur ! je déteste qu'on m'embrasse ! dans l'oreille surtout ! ça me répond dans toute la tête. Je ne sais pas pour qui vous me prenez. Il paraît que je n'ai pas l'air de grand'chose.

ANTONIN.

Oh ! mademoiselle ! vous avez l'air de la plus jolie et de la meilleure enfant de tout Paris !

RISETTE, *avec dignité.*

Non, monsieur, pas si bonne enfant que vous pensez ! et je vous prie de vous en aller plus vite que ça !

ANTONIN.

Pardonnez-moi ! ça m'a échappé.

RISETTE.

Je vous pardonnerai quand vous serez sorti.

ANTONIN.

J'obéis, mademoiselle.

RISETTE, lui poussant la porte au nez.

Votre servante, monsieur ! (Seule.) Oh ! ces hommes ! je ne sais pas ce qu'ils ont depuis quelque temps à embrasser tout le monde... si ça continue, il faudra les museler. En voilà un qui était gentil, pas mal de figure, et puis...

ANTONIN, qui est rentré à pas de loup.

Merci, mademoiselle !

RISETTE.

Comment ! c'est encore vous !

ANTONIN.

Vous m'avez dit : Je vous pardonnerai quand vous serez sorti. Je suis sorti, je dois être pardonné.

RISETTE.

Mais je ne vous connais pas, moi ! on n'entre pas chez les personnes sans dire qui l'on est !

ANTONIN.

Je suis un brave garçon, parole d'honneur ! faisons la paix et donnez-moi la main. (A part.) C'est qu'elle est charmante, cette petite sauvage !

RISETTE.

Je ne donne la main qu'à mes camarades.

ANTONIN, tendant la main.

Raison de plus, nous serons camarades.

RISETTE, riant aux éclats.

Vous avez l'air de demander un sou ! Monsieur est peut-être l'aveugle du pont des Arts ?

ANTONIN.

Non, mademoiselle, j'ai le bonheur de ne pas être aveugle, en ce moment surtout... et j'ai l'honneur de vous présenter monsieur Antonin Duriveau, chef de rayon aux Villes de France, et votre ami passionné... depuis dix minutes.

RISETTE.

Eh bien ! monsieur Antonin Duriveau, je trouve que vous allez vite en amitié. Ça veut plus de temps chez nous.

(Elle passe devant lui.)

ANTONIN.

Du temps ! Est-ce qu'il en faut, du temps, pour voir combien vous êtes gentille ? Je pourrais vous dire que je vous ai rencontrée dans la rue, que je vous connais depuis six mois, que je vous suis partout comme une ombre, ça n'est pas vrai, mais ça se dit toujours. Eh bien, non ! C'est la première fois que je vous rencontre, et il me semble que nous sommes de vieilles connaissances ! Vous ne m'avez dit que des méchancetés et je suis sûr que vous êtes bonne ! Vous m'avez jeté à la porte, vous avez bien fait, et pourtant, si vous ne m'aviez pas laissé rentrer, je ne m'en serais consolé de ma vie. Vous êtes....

RISETTE.

Pardon. Ce n'est pas pour me conter tout ça que vous avez grimpé mes cinq étages ?

ANTONIN, à part.

Elle a raison ! diable de petite fille. (Haut.) En effet, mademoiselle, j'avais un but, oui, certainement... je ne sais plus au juste... eh ! que n'oublierait-on pas auprès de vous ?....
(Il s'approche.)

RISETTE, passant.

Tâchez un peu d'oublier vos manières.

ÉVELINA, en dehors.

Par ici, jeune homme ! voici l'appartement.

ANTONIN.

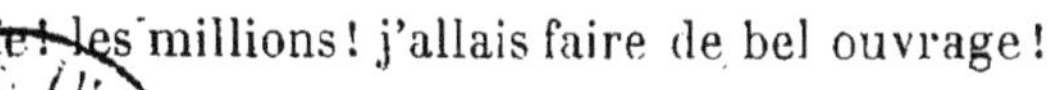
Ah ! les millions ! j'allais faire de bel ouvrage !

SCÈNE VII.

RISETTE, ANTONIN, ÉVELINA, un garçon.

RISETTE, à part.

Il est très-bien ce monsieur; mais qu'est-ce qu'il venait faire ici ?... à quoi ai-je pensé ?... qu'est-ce que va dire Évelina ?...

(Évelina et Antonin ont placé la table de droite au milieu du théâtre et ont mis la nappe.)

ÉVELINA, au garçon.

Déposez, jeune homme, et surtout ne répandez pas la sauce.

ANTONIN.

Aux côtelettes !

ÉVELINA.

Oui ! tout le monde sur le pont ! comme on dit dans le grand monde. Vous, mon gentilhomme...

RISETTE, une assiette à la main.

Elle le connaît!... (Haut.) Dis-donc toi,

ÉVELINA.

Tout de suite. (A Antonin.) Le garçon a deux mots à vous dire. (A Risette.) Qu'as-tu ? (A Antonin.) A propos, je me suis acheté une paire de bottines en chemin, et je les ai fait mettre sur la carte.

RISETTE.

Qui est ce monsieur ?

ÉVELINA.

Il ne te l'a pas dit ?... C'est mon amoureux.

RISETTE, laissant tomber son assiette.

Ah!... en es-tu bien sûre ?...

ÉVELINA.

Ce n'est pas une raison pour casser ma vaisselle. Oui, ma

chère, c'est lui qui me suivait depuis des siècles, et il nous offre un déjeuner de prince. (Elles ramassent les tessons.)

RISETTE.

Et tu as accepté ?

ÉVELINA.

Tiens ! tu n'as peut-être pas faim, toi ?

RISETTE.

Si Gigonet savait ça?...

ÉVELINA.

Gigonet ! ça lui est bien égal que j'aie l'estomac dans les talons.

ANTONIN, descendant entre elles.

On parle bas ! je parie qu'on dit du mal de moi !

ÉVELINA.

Ah ! monsieur, nous avons trop de galanterie... (Elle porte es tessons dans le placard.)

RISETTE, sèchement.

Les verres sont dans l'armoire, monsieur; il y en a un petit et un grand à pied, sans pied. (Il va les chercher.)

ÉVELINA, revenant.

Tu n'es guère gentille avec lui...

RISETTE.

Et toi tu l'es trop, sans seulement savoir qui il est.

ÉVELINA.

Ma chère, quand un homme paye à déjeuner, il est de bon goût de ne pas lui demander ses papiers.

RISETTE.

Tu es ta maîtresse, ma chère; mais moi, je n'en suis pas, du déjeuner.

ÉVELINA.

Ne t'en va pas ! c'est du dernier mauvais ton !

RISETTE.

Tant pis !

ANTONIN.

Mesdemoiselles, le couvert est mis. Ne faisons pas attendre les côtelettes aux cornichons.

ÉVELINA, se mettant à table.

Vivent les côtelettes aux cornichons! (A Risette.) Fais pas la bégueule!

RISETTE, à Antonin.

Monsieur, vous êtes bien honnête, mais je n'ai pas faim! J'ai une course très-pressée, et je n'en mangerai pas, de vos côtelettes aux cornichons. (Elle passe derrière la table.)

ANTONIN, passant devant la table.

Comment, mademoiselle?... mais vous... mais c'est...

ÉVELINA.

Laissez-la... c'est son idée...

ANTONIN.

Certainement! si en effet... mademoiselle... je suis bien désespéré... (Il passe derrière Évelina.)

RISETTE, saluant.

Bon appétit, monsieur! bon appétit, ma chère amie! (Avec une émotion contenue.) Je me serais fait un vrai plaisir... mais vous comprenez, quand on n'a pas faim... (Elle sort.)

SCÈNE VIII.

ÉVELINA, ANTONIN.

ANTONIN, à part.

Ah! mais! ah! mais!... la petite me manque!... Toi, si tu n'avais pas tes millions... (A Évelina.) Mademoiselle, il ne faut pas que cela nous empêche de déjeuner.

ÉVELINA.

Plus souvent!

ANTONIN.

Vous offrirai-je une côtelette?... (Il se met à table.)

ÉVELINA.

Allez-y gaiement! et poussez-m'en deux.

ANTONIN, à part.

Elle a bon appétit! C'est égal, elle ne mangera pas toute sa dot. (Faisant sauter le bouchon de la bouteille.) Une larme de vin!

ÉVELINA.

Pleurez! jeune homme, pleurez! Mais attention, je n'aime pas la mousse. Monsieur n'a peut-être pas l'habitude de trinquer?

ANTONIN.

Mais, pardon! (Ils trinquent.)

ÉVELINA.

Ah! j'ai conservé quelques usages du monde. Faut vous dire que, telle que vous me voyez, j'appartiens à une famille de la première catégorie.

ANTONIN.

Mademoiselle, épargnez-moi ces détails; je vois, je sais, je sens que votre naissance... mais je vous aime pour vous.

ÉVELINA.

Tiens! vous avez une jolie épingle à votre cravate!... Montrez un peu!

ANTONIN, détachant son épingle.

Bien modeste.

ÉVELINA.

Mais non! ça fait très-bien pour attacher un châle.

ANTONIN.

Gardez-la, je vous en supplie.

ÉVELINA.

Non! par exemple; je ne veux pas vous en priver.

ANTONIN.

Elle est en trop belles mains pour... pour... pour...

ÉVELINA.

Eh bien! c'est dit; maintenant il ne me manque plus que le châle.

ANTONIN.

Il ne vous manquera pas longtemps, j'en suis sûr. (A part.) On en a beaucoup pour cinq millions...

ÉVELINA.

Je vous redemanderai un peu de cornichons... Puisque Risette fait la petite bouche...

ANTONIN.

Elle a dit qu'elle n'avait pas faim.

ÉVELINA.

C'est bien possible; ces enfants de pauvres, ça mange comme des moineaux.

ANTONIN.

Il y a longtemps que vous vivez avec mademoiselle Risette?

ÉVELINA.

Comme ça! c'est depuis ma grande maladie. Nous demeurions sur le même carré, rue Mouffetard, sur la lisière du faubourg Saint-Germain. Elle est entrée à mon service en qualité de garde-malade; et je peux dire que sans elle je ne déjeunerais pas avec vous.

ANTONIN.

La brave fille!

ÉVELINA.

Comme l'apothicaire avait mangé jusqu'à notre dernier sou, nous nous sommes mises ensemble pour économiser sur le loyer! Je la recueille, quoi!

ANTONIN, à part.

Toi, tu m'agaces!... mais les millions!... (Haut.) Mademoiselle?

ÉVELINA.

Qu'est-ce qui vous prend?

ANTONIN.

Demandez-moi plutôt ce qui m'a pris le jour où je vous ai vue pour la première fois. (A part.) Pas trop mal! (Haut.) Ce jour là je... ou plutôt vous... car c'était vous...

ÉVELINA.

Certainement! je descendais avec la boîte au lait...

ANTONIN.

Peut-être!... moi je passais sur le trottoir de l'autre côté de la rue, mon cœur battit, mes yeux se troublèrent... (A part.) Va donc, charrette!... (Haut.) Mes yeux se troublèrent!... mon cœur battit!... et je sentis qu'il ne me restait qu'à mourir, si vous n'acceptiez pas mon cœur et ma main.

ÉVELINA, se reculant.

Comment! c'est pour le bon motif?...

ANTONIN.

Pouvez-vous en douter, mademoiselle?... Mon cœur... vos principes... et d'ailleurs... Oh! épousez-moi pour la vie!...

ÉVELINA.

Mais c'est impossible!

ANTONIN.

Mariée?

ÉVELINA.

Non! mais engagée avec Jean Gigonet. (Ils se lèvent.)

ANTONIN.

Qu'est-ce que c'est que ça, Jean Gigonet?...

ÉVELINA.

Mon prétendu, monsieur, officier de sergent au 135ᵉ de ligne... Tenez, voici une bague en crin qu'il m'a donnée de ses cheveux. Voici son portrait, pas trop ressemblant, c'est un de ses camarades qui a posé.

ANTONIN, à part.

Cinq millions à Jean Gigonet! ah! mais non !... (Haut.) Mademoiselle, je vous aime! ce mariage ne se fera pas... quand je devrais répandre le sang de Gigonet!... Oui, vous serez ma femme, je le jure sur la tête de mademoiselle Risette.

ÉVELINA.

Oh! permettez; pour le mariage, mon prétendu a ma parole.

ANTONIN.

Vous vous dégagerez!... Oh! dis-moi que tu dégageras!...

ÉVELINA, passant devant lui.

Il est peut-être un peu tard.

ANTONIN.

Pourquoi?... oh! pourquoi?... Écoutez-moi, Risette!...

ÉVELINA.

Comment, monsieur, Risette?...

ANTONIN.

Vous avez raison! je ne sais pas ce que je dis. C'est le souvenir de cette pauvre fille qui me trouble... Elle n'a pas déjeuné... Je suis sûr que Risette n'a pas déjeuné.

ÉVELINA.

Mais elle vous occupe beaucoup, je trouve.

ANTONIN.

Sans doute! sans doute! une enfant qui vous a soignée, qui vous a conservée à mon amour. (A part.) Je m'embrouillais tout à l'heure!... (Haut.) Je suis au désespoir de penser qu'elle est... Où peut-elle être? mon Dieu!...

ÉVELINA.

Elle! chez la portière, je parie.

ANTONIN.

Quoi! dans la maison!... Je cours la chercher... lui présenter mes excuses, la ramener ici.

ÉVELINA.

C'est ça! pour la compromettre!... j'aime mieux y aller moi-même.

ANTONIN.

Courez, mademoiselle... Vous êtes bonne! Mon cœur, ma reconnaissance... (Évelina sort.) Elle a bien fait de sortir!... Le diable m'emporte si je sais ce que je lui ai dit...

SCÈNE IX.

ANTONIN.

(Il se promène mélancoliquement en faisant le geste de peser quelque chose dans ses mains.)

Un sergent, major ou autre!... et cinq millions de l'autre

côté. Jean Gigonet ! fi !... mais cinq millions !... Parbleu ! je donnerais bien cent sous pour savoir ce que M. Montyon ferait à ma place !...

SCÈNE X.

ANTONIN, ÉVELINA, RISETTE.

ÉVELINA.

Allons, viens donc, il est très-gentil !

ANTONIN.

Que vous êtes bonne, mademoiselle !... aussi bonne que jolie !

ÉVELINA, bas.

Dites donc, ce n'est pas pour lui faire de ces compliments que je vous l'ai ramenée.

ANTONIN, à part.

Cette fille m'agace.

RISETTE, très-simplement.

Je vous ai boudé, monsieur Antonin, j'ai eu tort !... Vous m'avez demandé la main ce matin, c'est moi qui maintenant demande la vôtre.

ANTONIN.

De grand cœur, mademoiselle.

ÉVELINA.

Allons, mets-toi à table ; veux-tu des côtelettes ?

ANTONIN, avec empressement.

Où sont les côtelettes ?

ÉVELINA.

Tiens, il n'y en a plus ! c'est monsieur qui les aura mangées de fond en comble.

ANTONIN.

Moi, par exemple...

(Ils s'asseyent à table.)

ÉVELINA.

Tiens, voilà du saucisson.

RISETTE.

Merci ! un biscuit dans un verre de vin de Champagne.
(A Évelina.) Devine ce qui nous est arrivé aujourd'hui.

ÉVELINA.

Dame ! cent mille livres de rente.

RISETTE.

Peut-être ! Une lettre d'Amérique.

ANTONIN, à part.

Fichtre !... (Haut.) Et cette lettre, vous l'avez ?

RISETTE.

Non ! Elle coûtait trois francs ; la portière l'a refusée.

ÉVELINA.

Ah ! bah ! encore une lettre pour demander de l'argent.
La portière a bien fait.

RISETTE.

Les lettres qui demandent de l'argent sont toujours af-
franchies. J'ai dit qu'on l'accepte quand elle reviendra...
C'est peut-être une fortune qui nous tombe d'Amérique.

ÉVELINA.

Je sais bien ce que je ferais si j'étais millionnaire !

ANTONIN.

Ange, que feriez-vous ?...

ÉVELINA.

J'éclabousserais joliment tous ceux qui m'ont rendu la
vie si dure ! Je n'irais plus qu'en coupé !... je ne boirais
plus que du champagne... j'aurais des laquais avec de
grandes livrées...

ANTONIN.

Et Gigonet, qu'en ferions-nous ?

ÉVELINA.

Oh ! mais je ne l'oublierais pas ! il serait mon concierge !

ANTONIN.

Heureux Gigonet !

RISETTE.

Moi, si j'avais des millions, je voudrais que tout le monde fût heureux autour de moi... J'ai tant connu la misère que je ne la souhaite à personne.

ANTONIN, avec intérêt.

Vous avez beaucoup souffert?

RISETTE.

Pour ça, oui! Ne me plaignez pas trop : c'était le bon temps! je riais au nez de la misère et lui faisais risette, comme dit la chanson!

ANTONIN.

Quelle chanson?

ÉVELINA.

C'est cela, chante-nous ta chanson.

RISETTE.

Volontiers; mais vous reprendrez le refrain en chœur.

ANTONIN.

Soit!

RISETTE.

Air nouveau de Couder.

I

A Paris, près de Pantin,
Je naquis un beau matin
    De décembre.
Pour chasser le froid, la faim,
Nous n'avions ni feu ni pain
    Dans la chambre.
Papa disait à maman :
Elle a mal pris son moment,
    Ta fillette;
Mais le soleil par les trous
Du toit descendait chez nous,
Et de ses yeux les plus doux
    Nous faisait à tous
        Risette.

II

Jusqu'à l'âge de seize ans
J'ai chiffonné des rubans
        Pour les autres.
J'ai couronné d'un bonnet
Plus d'un front qui ne valait
        Pas les nôtres.
Parfois avant de dormir,
J'ai soupé d'un gros soupir
        Sans fourchette!
Mais pourquoi mouiller ses yeux?
On ne s'en porte pas mieux :
Au sort le plus rigoureux
        J'ai fait en tous lieux
                Risette.

(Ils se lèvent et descendent la scène.)

III

Un monsieur m'offrit souvent
Son amour et son argent
        Sans notaire!
Je ne me fâche de rien;
Mais il ferait aussi bien
        De se taire!
Une fille comme nous
Ne porte pas des bijoux
        Qu'on achète;
Mais celui que j'aimerai,
Un jour, je le conduirai
Chez le maire et le curé,
        Et je lui ferai
                Risette.

(Évelina se rassied à table à la place de Risette.)

ANTONIN.

Vous n'avez jamais aimé?...

RISETTE.

Oh! si.

ANTONIN, avec douleur.

Vraiment! Qui cela?

RISETTE.

Un brave garçon qui demeurait à côté de chez mon père,
et qui était déjà un homme quand je n'étais encore qu'une
petite fille. C'est lui qui me défendait...

ANTONIN.

Et contre qui?...

RISETTE.

Mon père s'était remarié... et j'étais battue plus souvent
qu'à mon tour; quand je m'attendais à une scène, j'allais
trouver mon pauvre Valentin. Il venait avec moi : ma belle-
mère n'osait pas frapper si fort quand il était là. Il pleurait
quand j'avais les yeux rouges... il me consolait, et nous
finissions par rire ensemble. Ah! nous avons fait de bonnes
parties de rire! C'est lui qui m'a appris le peu que je sais...
Il travaillait la nuit en cachette, le brave garçon, pour ac-
quitter mes mois d'apprentissage!... C'était lui qui était mon
père, ma mère, et toute ma famille!

ANTONIN.

Et vous l'aimiez?...

RISETTE.

Oh! oui, je l'aimais bien!

ANTONIN.

D'amour?

RISETTE.

D'amour... je n'en sais rien; mais d'une vraie, profonde
et éternelle amitié... Il me fit jurer que je ne me marierais
jamais avec un autre qu'avec lui.

ANTONIN.

Ah! mon Dieu!

ÉVELINA, le verre à la main.

Je vous demande un peu ce que ça nous fait?... On ne
conte pas ces choses-là après dîner, ça trouble la diges-
tion.

ANTONIN.

Et vous tiendrez ce serment?...

RISETTE.

Je l'aurais tenu ; mais tout est fini.

ANTONIN.

Il est mort ?...

RISETTE.

Le pauvre garçon a eu un mauvais numéro : il a fallu partir ! Il est allé en Crimée... il m'écrivait quelquefois, et moi, je priais bien fort pour lui !... Rien n'y a fait ! un boulet l'a emporté à l'assaut de Sébastopol !... je ne sais pas même où est sa tombe.

ANTONIN, avec émotion.

Pauvre enfant !

RISETTE.

Vous êtes bon !

ÉVELINA.

A quoi ça sert-il de pleurer et de se tourner le sang ?... Oui ! un boulet m'emporterait Jean Gigonet... dame ! je pleurerais dans les premiers moments... mais, après cela, il faut se faire une raison, n'est-ce pas ?...

ANTONIN, avec impatience.

Oui ! oui ! c'est bon !... (A Risette.) Et depuis, vous n'avez jamais aimé ?...

ÉVELINA.

Elle ? elle n'a pas de cœur !

ANTONIN, à part.

Comme j'aurais du plaisir à la jeter par la fenêtre avec ses cinq millions !

RISETTE.

Elle a raison ! Ces souvenirs me font mal !... Je ne dois plus songer à l'amour.

ANTONIN, avec chaleur.

N'y plus songer, mademoiselle, n'y plus songer !... Croyez-le bien, il est encore ici-bas des cœurs dignes d'apprécier tant de candeur et de grâces.

ÉVELINA, bas, le pinçant.

Qu'est-ce que vous dites donc là ?...

ANTONIN, à part.

Aïe ! c'est juste !... (Montrant Évelina.) Je répète ce que vous disiez tout à l'heure, mademoiselle : C'est un ange, me di-
siez-vous...

ÉVELINA.

C'est inutile de le répéter !

ANTONIN.

Vous l'avez dit !... Ne m'avez-vous pas conté que c'était
elle qui vous avait veillée, soignée, sauvée?

ÉVELINA, le pinçant.

Taisez-vous ! (Haut.) C'est bon, mon Dieu, c'est bon !

ANTONIN.

Laissez-moi lui exprimer ma reconnaissance des soins
qu'elle vous a donnés; laissez-moi lui dire ce que j'ai au
fond du cœur pour elle... (Évelina le pince) et pour vous! Que
vous êtes heureuse! votre vie se passe près d'elle, vous la
voyez tous les jours!... (Évelina le pince et se lève.) Je crois que je
m'embrouille!...

RISETTE.

Quelle drôle de figure vous faites !

ANTONIN.

J'aime mieux vous voir ainsi gaie, souriante, heureuse !
le bonheur va si bien à votre charmant visage ! votre sourire laisse entrevoir, à travers des lèvres si vermeilles, une
rangée de dents si blanches !...

ÉVELINA, descendant entre eux.

Monsieur...

ANTONIN, reprenant.

Aussi blanches que les dents de mademoiselle!... votre
rire a un éclat argentin comme le son de votre voix.

ÉVELINA.

Monsieur !...

ANTONIN.

Et de la voix de mademoiselle ! (A part.) Cette position est
stupide, il faut absolument choisir !... (Il semble prendre une réso-
lution, s'avance vers Risette et avec beaucoup de respect :) Mademoiselle Risette...

LE PORTIER, paraissant.

Mam'selle Risette....

RISETTE, à part.

Quel dommage ! (Haut.) Qu'est-ce que vous voulez ?...

LE PORTIER.

La lettre !...

RISETTE, allant à lui.

La lettre d'Amérique ! donnez ! (Le portier sort.)

ÉVELINA, bas à Antonin.

Qu'est-ce que vous alliez donc lui dire ?...

ANTONIN, passant derrière elle.

Vous m'ennuyez !

ÉVELINA.

Monsieur ! vous êtes un... pas grand'chose.

ANTONIN.

Bien ! bien ! bien ! (A part.) Décidément j'aime mieux l'autre !... Quel plaisir j'aurais à lui dire : Il y a cinq millions pour vous dans cette lettre, je ne veux ni de vous, ni de vos cinq millions!

RISETTE.

You ! y, o, u, you ?...

ÉVELINA.

You ! ah ! C'est de l'anglais, ça veut dire : aime !

ANTONIN.

Comment ?

ÉVELINA.

J'ai connu un petit Anglais qui me disait toujours : Y love you : y, je ; love, vous; you, aime! Je vous aime ! il m'aimait !

RISETTE.

Savez-vous l'anglais, monsieur ?...

ANTONIN.

Un peu, mademoiselle, trente leçons à deux francs le cachet ; je déchiffre. (Elle lui donne la lettre, il lit tout bas à part.) C'est bien cela, Louise Taboureau ! cinq millions; le chiffre y est!

RISETTE ET ÉVELINA, curieusement.

Eh bien ?

ANTONIN.

Je cherche à traduire... que faire ? Cinq millions, c'est tentant ; mais cette petite Risette est si jolie ! et tant de grâce ! et tant de cœur ! et pas de Gigonet !

RISETTE, à Évelina.

Comme il a l'air agité ! qu'y a-t-il ?

ANTONIN.

Ah ! tant pis, une chaumière et son cœur. (Il va prendre la main de Risette.) Risette, écoutez-moi, j'ai vingt-quatre ans, je suis d'une bonne famille, et ne suis point un méchant garçon...

ÉVELINA.

Tout cela ne nous dit pas ce qu'il y a dans la lettre.

RISETTE.

Tu interromps toujours... c'est ennuyeux !

ÉVELINA.

Mais, ma chère Risette...

RISETTE, très-sèchement.

Après tout, les lettres que je reçois ne te regardent pas !

ÉVELINA.

Il est vrai que ce sont tes affaires.

ANTONIN, très-étonné.

Comment, cette lettre est pour vous, mademoiselle ?

RISETTE.

Oui, monsieur. Pardon, vous disiez tout à l'heure que vous aviez vingt-quatre ans ?...

ANTONIN.

Votre nom, mademoiselle, je vous en supplie, votre nom de famille ?...

RISETTE.

De quel air vous me demandez cela ! Louise Tahoureau.

ANTONIN.

Perdu, à tout jamais perdu.

RISETTE, au comble de l'étonnement.

Perdu ? Que veut-il dire ?

ÉVELINA.

Je le crois un peu fou.

ANTONIN.

C'est fini! je n'oserai plus! Mon Dieu! mon Dieu! (Il tombe
sur une chaise à gauche.)

RISETTE.

Mais qu'avez-vous, monsieur? Cette lettre contient-elle
quelque malheur?

ANTONIN.

Un grand malheur, plus grand que je ne saurais le dire.

RISETTE.

Vous me faites trembler.

ANTONIN.

Rassurez-vous, Risette. (Se reprenant.) Mademoiselle, le malheur n'est pas pour vous.

RISETTE.

Pour qui, alors?

ANTONIN.

Pour personne.

RISETTE.

Expliquez-vous, je vous en conjure.

ANTONIN.

Je ne le puis.

RISETTE.

Je le veux.

ANTONIN.

Vous ne me croiriez pas. (Se levant avec violence.) Non, vous ne
me croiriez pas, et le doute qui se glisserait dans votre
cœur empoisonnerait ma vie tout entière. Je ne pourrais
plus vous regarder sans rougir; j'espère que vous conser-
verez quelque souvenir de moi; je veux que ce souvenir
soit pur, pur comme votre front, pur comme le fond de
mon cœur.

RISETTE.

Je ne comprends rien à ce que vous me dites, monsieur
Antonin; mais je vois que vous souffrez, et je voudrais savoir de quel mal vous souffrez, pour le guérir si cela est
possible.

ANTONIN.

Ah! je n'en guérirai jamais, c'est mon plus cher espoir.
(Il marche avec agitation.)

ÉVELINA.

Y comprends-tu un mot?...

RISETTE.

Peut-être. Je vais descendre au second; il y a un profes-
seur qui me lira ma lettre : garde-le en attendant.

ANTONIN.

Adieu, mademoiselle, adieu pour jamais.

RISETTE, près de la porte.

Non, monsieur, vous ne vous en irez pas; j'ai moi-même
à sortir un instant; j'exige que vous m'attendiez.

ANTONIN.

Mademoiselle, je ne sais...

RISETTE.

Je le veux. Au revoir.

SCÈNE XI.

ÉVELINA, ANTONIN.

ÉVELINA. (Elle va le prendre par le bras et l'amène en scène.)
M'expliquerez-vous tout ce que cela signifie?

ANTONIN.

Allez-vous-en à tous les diables! tout cela est de votre
faute. On dit son nom aux gens; pourquoi ne m'avez-vous
pas dit votre nom?

ÉVELINA.

Vous ne me l'avez pas demandé.

ANTONIN.

Est-ce qu'on a besoin de demander ces choses-là?

ÉVELINA.

Dame!

ANTONIN.

Comment vous appelez-vous donc?

ÉVELINA.

Évelina Balochard.

ANTONIN.

Évelina! peut-on s'appeler Évelina! Il y a, ma parole
d'honneur, des parrains bien stupides.

ÉVELINA.

Ah çà! monsieur, à qui en avez-vous? Est-ce moi qui suis
allée vous chercher? Vous êtes venu ce matin...

ANTONIN.

J'étais une brute ce matin; et vous qui n'avertissez pas:
j'aurais dû m'en douter; une fille qui mange des côtelettes
aux cornichons, qui aime dans l'infanterie, qui connaît des
cuisiniers! Faut-il avoir été bête!...

ÉVELINA.

Si vous n'en voulez point, n'en dégoûtez pas les autres.
Qu'est-ce que tout cela? Il y a une heure vous étiez à mes
genoux, vous me disiez que vous m'aimiez... (Elle va s'asseoir à
gauche.)

ANTONIN.

Moi, vous aimer... (Risette entre doucement et écoute sans se montrer.)
Moi, vous aimer?... Mais je n'aime et je n'aimerai jamais
qu'une fille au monde, la plus aimable des filles, qui réu-
nit toutes les grâces et toutes les vertus, qui joint au plus
charmant visage la voix la plus enchanteresse, qui n'a qu'à
se montrer pour enlever tous les cœurs : je n'ai passé
qu'une heure avec elle, et j'en suis amoureux pour la vie.

ÉVELINA, sèchement.

Je n'aime pas qu'on parle ainsi de mes amies devant
moi. Allez lui dire ça à elle-même, si vous voulez.

ANTONIN.

Eh! le puis-je? voudra-t-elle me croire? Aurai-je la pu-
deur de lui déclarer un amour qu'elle soupçonnera d'être
intéressé?...

ÉVELINA.

Intéressé?... Elle n'a pas le sou.

ANTONIN.

Elle a cinq millions!

ÉVELINA.

Cinq millions!

SCÈNE XII.

RISETTE, ÉVELINA et ANTONIN.

RISETTE.

Eh bien! on se boude, par ici?

ÉVELINA, allant à elle.

Est-ce que c'est vrai que tu es... que vous êtes millionnaire?

RISETTE, riant.

Qui t'a dit cela?

ÉVELINA.

C'est monsieur.

ANTONIN, d'un air forcé.

Permettez-moi, mademoiselle, de vous féliciter du bonheur qui vous arrive : croyez bien que je suis désolé... en-
chanté, je veux dire...

RISETTE.

Ne me félicitez pas, monsieur; il est fort probable que
vous ne savez guère l'anglais et que vous avez mal lu ma
lettre : il y est en effet question de millions; mais ces millions ne sont pas pour moi.

ANTONIN, avec joie.

Comment?

RISETTE, très-simplement.

Mon cher oncle était négociant, il a fait une faillite de
cinq millions, et il en est mort. Je suis sa seule héritière
et l'on me propose tout simplement d'accepter l'héritage.

ANTONIN.

Est-il possible!

RISETTE.

Rassurez-vous, je refuse, j'ai assez de mes dettes sans me
charger encore des dettes de mon oncle.

ANTONIN.

Vous avez des dettes, quel bonheur!

RISETTE.

Comment, monsieur, quel bonheur!..

ANTONIN.

Ouí, ma petite Risette; il faut que je vous ouvre mon
cœur, j'ai un aveu à vous faire.

RISETTE, à part.

Enfin !

ANTONIN.

Je suis venu ici dans une intention mauvaise.

RISETTE, l'interrompant.

Je ne veux pas le savoir.

ANTONIN.

Eh bien je vous aime, Risette, je vous aime comme un fou;
j'ai peu de chose, mais ce peu est à vous, comme mon
cœur. Vous êtes une honnête fille; voulez-vous d'un honnête et loyal garçon ?

RISETTE.

On se met à genoux, monsieur.

ANTONIN.

Oui, ma petite Risette, à deux genoux devant toi, je voudrais passer ma vie comme cela.

RISETTE.

Cela serait fatigant ! (Lui donnant la main.) Il vaut mieux vivre
à côté des gens!

ANTONIN.

Chère petite femme !

RISETTE.

Vous êtes heureux?...

ANTONIN.

Si je le suis !

RISETTE.

Eh bien, il faut que tout le monde le soit... Évelina!

ÉVELINA, d'un air boudeur.

Quoi?...

RISETTE.

Combien te faudrait-il pour épouser Gigonet?

ÉVELINA.

Dame ! il me faudrait... il me faudrait... Qu'est-ce que ça te fait ?

RISETTE.

Dis toujours.

ÉVELINA.

Est-ce que je sais !

RISETTE.

Te faudrait-il dix mille francs, vingt mille francs, trente mille francs ?...

ÉVELINA.

Ah ! çà, c'est donc vrai que tu as des mille et des cents ?

RISETTE, gaiement.

Mais oui ! (Très-tendrement à Antonin.) Oui, mon ami, je suis... non, nous sommes riches... très-riches !...

ANTONIN.

Que m'importe maintenant !

RISETTE.

Très-riches... et très-heureux, ce qui vaut mieux encore !...

Les mauvais jours ont fini ;
Dieu d'un sourire a béni
    La mansarde !
Pour que nous goûtions tous deux
Le bonheur qu'aux amoureux
    Sa main garde ;
Pour qu'à mon cœur comme au sien
Ce jour ne rappelle rien
    Qu'il regrette !
Ah ! messieurs, point de sifflet !
Mais à ce dernier couplet,
Mon bonheur sera complet
    Vous avez fait
        Risette !

FIN DE RISETTE.

www.ingramcontent.com/pod-product-compliance
Ingram Content Group UK Ltd.
Pitfield, Milton Keynes, MK11 3LW, UK
UKHW031741170726
13836UKWH00002B/798